Viviendo el Reino con proposito

Manuel Hernandez Carmona
(Manny)

KISSIMMEE, FLORIDA

Viviendo el Reino con proposito
Manuel Hernandez Carmona

This publication contains the opinions and ideas of its author. Relevant laws vary from state to state. The strategies outlined in this book may not be suitable for every individual, and are not guaranteed or warranted to produce any particular results.

This book or parts thereof may not be reproduced in any form, stored in a retrieval system, or transmitted in any form by any means—electronic, mechanical, photocopy, recording, or otherwise—without prior written permission of the publisher/author, except as provided by United States of America copyright law.

Texto bíblico: Reina-Valera 1960 ® © Sociedades Bíblicas en América Latina, 1960. Renovado © Sociedades Bíblicas Unidas, 1988.
Licensee shall reproduce the following trademark and trademark notice on the copyright page of each copy of the Licensed Products:
Reina-Valera 1960 ® es una marca registrada de las Sociedades Bíblicas Unidas y puede ser usada solo bajo licencia.

Published by DiViNE Purpose Publishing Co., LLC
Po Box 471004
Kissimmee Florida 34747

www.divinepurposepublishing.com
info@divinepurposepublishing.com

Copyright © 2018 **Manuel Hernandez Carmona**
All rights reserved.

Print ISBN: 978-0-9996847-5-7
eBook ISBN: 978-0-9996847-9-5

Printed in the United States of America

Dedicatoria

Viviendo el Reino con propósito está dedicado a mi padre, Manuel Hernández Piñero. Aunque el falleció en 2010, el deseo de ser exitoso en todas las áreas de mi vida viene de su ejemplo e impartición. Cuando Dios lo llamó a su morada eterna, recordé cada momento de su vida. Recordé su duro trabajo y sacrificio para sostener a mi madre, a mis hermanas y a mí. Recordé su amor incondicional y devoción por mi madre. Él me enseñó amar al Señor y vivir el reino con propósito. Mi "Pai" era todo para mí, y lo extraño mucho. Dedicarle *Viviendo el Reino con propósito* es un testimonio de lo que él significa para mí y mis generaciones. ¡Su vida es un legado que atesorare para siempre!

-Manuel Hernández Carmona

Agradecimiento

Quiero agradecer a mi amigo, Iván Ramírez, por su extraordinario trabajo en la portada. Iván es uno de los artistas gráficos contemporáneos más talentosos y apasionados de nuestro tiempo, y su trabajo en la portada ejemplifica un entusiasmo sin límites por su arte. A mi amigo, Iván Torres Navedo por su destacado trabajo en el prólogo. El apoyo de Iván fue clave en las últimas etapas del proceso de la publicación. A Scot Olewine, un amigo, que me apoyo grandemente en este proyecto. El proporcionó la ayuda necesaria con sus revisiones y comentarios en el manuscrito. Mi agradecimiento a Edaliz Pacheco, una escritora joven y talentosa que dedicó un tiempo valioso para revisar y hacer comentarios significativos. A las docenas de lectores que leyeron capítulos y compartieron sus recomendaciones a lo largo del proceso. A mis padres, Manuel y Carmen, por ser tan extraordinarios modelos. A mis hermanas, Elba, Lillian y Cinthia, por creer en mí, 24/7. A mi esposa, María, por su profundo amor y apoyo constante, y a nuestros hijos, José Manuel (Joey) y Josué Esteban, por ser mi motivación estos últimos años.

Indice

Prologo	6
El Principio	11
Tengo un sueño	15
Identidad	19
Hijosidad	23
Legado	27
Obediencia	31
Propósito	35
Fe	39
Puentes	43
Semillas	47
Viaje	51
Declaración	55
Elegido/a	59
Excesivamente y Abundantemente	63
El Arca	67
El Soñador	71
Sobre el Autor	75

Prologo

Si usted va a apreciar una obra de arte, usted necesita saber quién la hizo, porque si no lo hace, entonces pierde parte del significado de la obra. De vez en cuando se conoce a una persona especial, un hombre de familia, un cuentista. Alguien que quiere trascender las limitaciones (no todas las tenemos) y buscar lo mejor que Dios tiene para él. Este es Manny Hernández. Como su Pastor por un tiempo, compartimos oración, la fe, la risa, los retos, el impulso emprendedor, un micrófono de programa de radio, las enseñanzas del pastor Otoniel Font y otras experiencias inigualables.

Una historia se conoce desde el punto de vista de la persona que la narra. Manny eligió a Dios y a su familia. Desde "The Birth of a Rican" hasta este libro actual, el desarrollo de un educador a un autor centrado en el reino de Dios y su familia. Este libro representa la integración de una revelación que constituye un viaje dentro y fuera del reino de Dios. Cada ensayo transmite una carácteristica y una palabra del reino. Pero no sólo cualquier personaje y cualquier palabra, sino un Reino de Dios basado en el carácter y la Palabra de Dios que inspiró - liberan la impartición del "reino" que Dios quiere manifestar a nosotros. Compartamos algunos de ellos:

TENGO UN SUEÑO: JOSÉ en **Génesis 37:1-11** énfasis versículo 5. **Martin Luther King hoy.** ... "⁵ Y José tuvo un sueño, y él lo contó a sus hermanos, y ellos lo odiaron aún más"...

IDENTIDAD: JESÚS en **Juan 6:15** Jesús protege quién era... "¹⁵ Por lo tanto, cuando Jesús vio que estaban a punto de venir a tomarlo por la fuerza para hacerle rey, volvió a la montaña solo."

HIJOSIDAD: PABLO como está escrito en **Hebreos 12: 1-11** Énfasis versículo 6 ... "⁶ Porque el Señor ama a los que castiga, y azota a todo hijo a quien recibe."

LEGADO: RAHAB. La palabra implícita: **Josué 6:17**... "¹⁷ Y la ciudad será condenada por el Señor a la destrucción, ella y todos los que están en ella, sólo Rahab la ramera vivirá, ella y todos los que están con ella en la casa, Porque ella escondió los mensajeros que enviamos "...

OBEDIENCIA: ABRAHAM. Génesis 12:1-4 "... ⁴ Entonces Abram partió como Jehová le había hablado, y Lot fue con él, y Abrám tenía setenta y cinco años cuando se fue de Harán..."

PROPÓSITO: PABLO A los Efesios. **Efesios 1:3-6** énfasis en el versículo 4 ... "⁴ así como nos escogió en él antes de la fundación del mundo, para que fuésemos santos y sin culpa delante de él en amor" ...

FE: ABRAHAM: Padre de la fe. **Génesis 12:1-4; 15:6 N.I.V.** "⁶ Y él creyó en el Señor, y él se lo contó por justicia."

SALTOS: FELIPE. La Palabra declarada: **Hechos 8: 39-40** ... "³⁹ Cuando subieron del agua, el Espíritu del Señor arrebató a Felipe, para que el eunuco no lo viera más, y se alegró" ...

SEMILLAS: ISSAC Génesis 26:1-3 ... "² Entonces el Señor se le apareció y dijo:" No bajéis a Egipto, vivid en la tierra de la cual yo os diré. Será con vosotros y os bendeciré, pues a vosotros ya vuestro descendiente les daré todas estas tierras, y haré el juramento que juré a Abraham tu padre" ...

VIAJE: ESTHER: su verdadero viaje fue intervención **Ester 4:14-16** Énfasis en el versículo 16 ... "¹⁶ Ve, reúne a todos los judíos que están presentes en Susá, y ayúdame, ni comas ni bebas por tres días, ni de noche ni de día. Y así iré al rey que está en contra de la ley, y si me muero perezco."

DECLARACIÓN: PADRES de la constitución americana: Palabra expresada: **Marcos 11:23** ... "²³ Porque ciertamente os digo que cualquiera que diga a este monte:" Quítate y échate al mar", y no duda en su Corazón, pero cree que las cosas que dice que se hará, tendrá lo que diga: ...

ELEGIDO/A: MOISES: un hombre fuera de su zona de comodidad **Hechos 7:20-29** énfasis v. 29... "[29] Entonces, con este dicho, Moisés huyó y se convirtió en un morador en el desierto…"

EXCEPCIONALMENTE ABUNDANTE: EFESIOS que escuchan a **Pablo. Efesios 3:20**... "[20] A aquel que es poderoso para hacer abundantemente más que todo lo que pedimos o pensamos, según el poder que obra en nosotros."

EL ARCA: OBED-EDOM 2 Samuel 6:11 ... "El arca del Señor permaneció tres meses en la casa de Obed-Edom Gittita, y el Señor bendijo a Obed-Edom y a toda su casa."

EL SUEÑO: JOSÉ EN USTED. Palabra implícita: **Génesis 50:20**... "[20] Pero vosotros habéis hecho mal contra mí, pero Dios lo quiso por bien, para traerlo como es hoy, para salvar a mucha gente viva"...

El lector debe enfocarse en los principios del reino y preguntarse a sí mismo: "¿En qué reino estoy?" Porque realmente estás en un reino. "¿Quién es mi Rey?" ¿Cuál es mi recompensa de vivir en tal reino? "Está claro que tienes uno? Por último, pero no menos importante: "¿Cómo puedo trascender - ser proyectado - en el mejor reino que existe? ¡Este es el desafío!

Los principios incorporados en estas páginas le ayudarán a entender la manera de proyectarse en un futuro de grandeza y verdadero éxito del reino que Dios tiene para usted. **Jeremías 29:11** dice: "Porque yo sé los pensamientos que tengo acerca de vosotros, dice Jehová, pensamientos de paz, y no de mal, para daros el fin que esperáis."

1

El Principio

Es prácticamente imposible crear reglas y estatutos sobre cómo vivir una vida con propósito en el reino. Jesús mismo reconoció que el reino era una vida diaria de paz, poder, justicia y gozo en el Espíritu. Pero la Palabra de Dios revela secretos sobre cómo vivir en su reino. Desde el principio de la creación de la humanidad, Dios quiso formar una mentalidad de reino en Adán y todos los que siguieron al primer hombre en la tierra. Adán era el embajador delegado de Dios y tenía total autoridad sobre el dominio de Dios. Sin embargo, Adán desobedeció a Dios, y él y sus generaciones fueron separados de vivir una vida en el reino.

Miles de años más tarde, un segundo hombre (Jesús) fue enviado y dio ejemplo con su vida lo que era vivir en el reino. El modelo perfecto de una vida se reflejó en la vida de Jesús de Nazaret según se narra en los Evangelios según Mateo, Marcos, Lucas y Juan. Desde cuatro puntos de vista diferentes, la vida de Jesús fue representada como un espejo para que todos lo imiten de acuerdo a cómo vivir una vida orientada al reino.

La Palabra de Dios es un espejo en la que el Espíritu de Dios revela sus secretos más íntimos. Debido a nuestras crianzas naturales, vivir en el reino con propósito es a primera vista a distancia y fuera de alcance. David (el octavo hijo de Isai) nunca imaginó el viaje que estaba a punto de embarcar cuando el Profeta Samuel visitó la casa de su padre y lo ungió como Rey de Israel.

"11 Entonces dijo Samuel a Isaí: ¿Son éstos todos tus hijos? Y él respondió: Queda aún el menor, que apacienta las ovejas. Y dijo Samuel a Isaí: Envía por él, porque no nos sentaremos a la mesa hasta que él venga aquí. 12 Envió, pues, por él, y le hizo entrar; y era rubio, hermoso de ojos, y de buen parecer. Entonces Jehová dijo: Levántate y úngelo, porque éste es. 13 Y Samuel tomó el cuerno del aceite, y lo ungió en medio de sus hermanos; y desde aquel día en adelante el Espíritu de Jehová vino sobre David. Se levantó luego Samuel, y se volvió a Ramá." **(1 Samuel 16: 11-13) RVR 1960**

A partir de ese día, comenzó el proceso de trece años de dificultades y tribulaciones que terminó con su nombramiento por los ancianos de Israel como rey del pueblo de Dios. David tuvo que huir de un reino físico para abrir surcos para facilitar el camino para un reino sobrenatural. José (bisnieto de Abraham) fue vendido y enviado como un esclavo a una tierra extranjera para poner las ruedas en marcha del movimiento de liberación más grande que jamás haya existido.

"5 Y soñó José un sueño, y lo contó a sus hermanos; y ellos llegaron a aborrecerle más todavía. 6 Y él les dijo: Oíd ahora este sueño que he soñado: 7 He aquí que atábamos manojos en medio del campo, y he aquí que mi manojo se levantaba y estaba derecho, y que vuestros manojos estaban alrededor y se inclinaban al mío. 8 Le respondieron sus hermanos: ¿Reinarás tú sobre nosotros, o señorearás sobre nosotros? Y le aborrecieron aún más a causa de sus sueños y sus palabras." **(Génesis 37:5-10) RVR1960**

Después que Moisés asesino al egipcio, huyó del palacio y pasó una generación en el desierto sólo para regresar como líder de Dios y confrontar al faraón con el reino de Dios. Josué sirvió durante una generación bajo el liderazgo de Moisés, pero Dios mismo lo escogió para llevar a los israelitas a la Tierra Prometida. Jesús dejó la comodidad de SU TRONO ETERNO para establecer su reino de paz para siempre aquí mismo en la tierra. Aunque es injustificable escribir un manual sobre los requerimientos de cómo vivir una vida en el reino, los llamados héroes de la Fe **(Hebreos 11)** nos proporcionaron procesos de cómo vivir, caminar y cumplir las expectativas de una vida del reino plasmada en la Palabra de Dios.

Jesús mismo estuvo de acuerdo en que el reino era una vida diaria de paz, poder, justicia y gozo en el Espíritu. Estos 16 ensayos intentarán mostrar y recrear cómo algunos de los hombres y mujeres que leemos en la Biblia y en la historia vivieron una vida en el reino y cómo miles de años después de la resurrección de Jesucristo, todavía es posible vivir el reino y cumplir el propósito de Dios en nuestras vidas.

2

Tengo un sueño
"I Have a Dream"

El discurso de Martin Luther King "Tengo un sueño" es probablemente uno de los discursos más famosos y reconocidos de todos los tiempos. Pero hace varios miles de años, José, el undécimo hijo de Jacob, "tuvo un sueño." (**Génesis 37:5**) El sueño de Martin Luther King estaba arraigado en la Constitución de los Estados Unidos y la Declaración de Derechos; el sueño de José estaba fijado en una visión que Dios mismo compartió con él cuando tenía sólo diecisiete años de edad. No hay duda que el sueño de Martin Luther King fue innovador y visionario. Su entrega y liderazgo fueron ejes en la lucha por los derechos civiles. Aunque el sueño de José parecía ilusorio e ilógico para su familia, ellos mismos fueron testigos de su cumplimiento. Ambos sueños superaron y sobrepasaron todas las expectativas y trascendieron la generación de José y las generaciones posteriores.

El rey David declaró el propósito de Dios **(Salmo 138:8)** porque sabía que el proceso que emprendía no era sólo para sentarse en el trono, sino para aprender a vivir el reino con propósito. Paz, poder, gozo y autoridad se reciben a través de procesos y situaciones que son mucho más que destellos de grandeza. Vivir en el reino es un viaje donde nuestro carácter es moldeado y permitirá que nuestros sueños cumplan el propósito de Dios. Más que un sueño, la experiencia de José sirvió como un legado de vida donde todos deben ver y comprender el proceso y los procesos que nos llevarán a vivir el reino con propósito.

Cuando Martin Luther King compartió su sueño ("I Have a Dream" discurso), esperaba algo más que aplausos y una reacción pasiva de las multitudes que lo escuchaban. Aun después de más de medio siglo de un discurso tan poderoso, su sueño aún está por cumplirse en su totalidad. Cuando José compartió su primer sueño, esperaba admiración y adulación. Cuando compartio el segundo, quería reconocimiento y admiración. Su inocencia encontró una sorpresa inesperada cuando sus hermanos conspiraron para matarlo y llenos de odio lo vendieron a comerciantes de Egipto como un esclavo.

Fue un viaje en dos etapas; primero, fue ascendido a administrador de Faraón (a la edad de 30), el segundo hombre más poderoso en Egipto. En segundo lugar, tuvo que esperar nueve años más para abrazar al hombre que lo amaba sobremanera y preparo el camino para que sus sueños se hicieran realidad. El sueño de Martin Luther King le costó la vida, pero hoy Estados Unidos ha tomado medidas más certeras del cumplimiento del sueño eligiendo y reeligiendo a más afroamericanos y minorías en representación de sus electores y caminando hacia el sueño de M.L.K. por la igualdad de derechos y la justicia social.

David vivió su sueño después de ser ungido en presencia de la familia y enemigos por igual. Al igual que José, sus hermanos también lo envidiaron. En lugar de un día de inauguración como rey, David fue enviado a un proceso en el que aprendió a ocultarse, escapar y correr por su vida a diario. No era lo que él esperaba, pero el tiempo y un proceso extenso transformaron su carácter mucho más allá de las expectativas naturales. No hay otro corazón como el "corazón de David", pero fue necesario un desarrollo paulatino e íntimo para convertirlo en un rey con el corazón del hijo de Dios.

Aunque distinguido y documentado, el discurso de Martin Luther King "I Have a Dream" estableció el estándar no sólo para discursos subsiguientes, sino para generaciones futuras. Los procesos, la paciencia y sacrificios que el Dr. King pasó han sido bien documentados para entender la naturaleza de cómo los sueños se desarrollan, trascienden y animan a todos a avanzar y enfocarse en cómo vivir el reino con propósito.

3

Identidad

Jesús mismo reconoció que el reino no se lograba en virtud de una posición sino en una interacción diaria con Dios mismo a través de sus propósitos eternos para cada uno de sus hijos. Desde el principio de la creación de la humanidad, Dios estaba interesado en establecer una identidad de reino en su creación más preciada. De hecho, Él nos creó de acuerdo con "su imagen y semejanza" compartiendo e impartiendo su ADN a todos nosotros. En **Génesis 1:26**, Dios dice: "Y dijo Dios: Hagamos al hombre a nuestra imagen, conforme a nuestra semejanza". ***Survival to Success: How to Play the Game of Life and Win*** define el DNA como "una molécula de ácido nucleico que contiene las instrucciones genéticas utilizadas en el desarrollo y el funcionamiento de todos los organismos vivos (p.50)". Esa vivencia diaria se entiende mejor cuando se representa la imagen y la semejanza en nuestro diario caminar, conversación y comportamiento cotidianos.

Si Dios dice en Su Palabra (Biblia) que Él creó al hombre (mujer) en su propia "imagen", entonces estos hallazgos apoyan la verdad evidente de la Biblia de que los seres humanos fueron creados por Dios para ser como Dios. El libro de Génesis utiliza las palabras "imagen" y "semejanza" para comparar nuestro grado de semejanza con Dios. Debido a que el hombre desobedeció, esa semejanza se empañó y desmembró nuestra identidad en Cristo. A través de su sacrificio y resurrección, Jesús restauró nuestra identidad y reclamó nuestro linaje en Él.

Jesús nunca buscó un reino físico. Sin lugar a duda, Él era, es y siempre será Rey. Su reino está más allá de lo visible y trasciende el mundo natural. Cuando Jesús se enteró de que fue perseguido para ser rey, rápidamente se dispersó: "15 Pero entendiendo Jesús que iban a venir para apoderarse de él y hacerle rey, volvió a retirarse al monte él solo." **(Juan 6:15, RVR 1960)**. Cuando murió el rey Saúl, David pudo haber tomado el trono de Israel con "un derecho ungido por Dios", pero lloró, lloró y permaneció en su posición hasta que fue tiempo de Dios que gobernara. Mardoqueo nunca le pidió a la reina Ester una posición dentro del palacio persa. En su función como portero, se paró junto a la puerta y protegió a su preciosa Ester desde el exterior del palacio. Cuando descubrió una conspiración contra el Rey, fue catapultado y promovido como segundo al mando del Rey más poderoso de aquellos tiempos **(Ester 10)**. Hay recompensas visibles y trascendentales para aquellos que no sólo buscan sino que viven una vida en el reino.

Jesús sostiene a sus hijos literalmente en la palma de sus manos. La cultura moderna y las instituciones religiosas han tergiversados la importancia de las posiciones hechas por el hombre y llevan a muchos a competir unos con otros en comunidades de Fe. Cuando el reino es completamente recibido, las competencias no existen y las verdaderas recompensas espirituales se obtienen por servir, bendecir y amar en el reino. Una verdadera y dedicada vida de servicio y el "corazón de David" son los elementos protagonistas para vivir en el reino. El reino de Dios en tu vida no tiene competencia. Adora más, sirve más, bendice más y honra más y el reino llegara para ti y tus generaciones por añadidura.

Daniel fue enviado como cautivo en una tierra extranjera, pero nunca entregó sus principios a los principados del adversario -y precisamente por eso- Dios estableció su reino a través de él donde quiera que moraba. Aunque fue llevado como esclavo a la tierra de sus captores, su integridad lo posiciono justo en al palacio como consejero del Rey que había esclavizado a su pueblo. Vivir el reino no es abdicar el trono sino recibirlo y ser una persona humilde, justo y paciente y permitir que otros vean a Dios a través de ti. Tu eres el espejo de Dios en tu familia, trabajo y en tu vecindario. Eso es lo que significa vivir en el reino.

4

Hijosidad

Vivir el reino es un estilo de vida. Es una interacción diaria con colegas, vecinos, compañeros de trabajo, extraños, familiares y amigos. Es cuidar y visitar a los enfermos, y simplemente estar presente en todo momento para aquellos que lo necesitan. Es hacer exactamente lo que Jesús hizo cuando cuidó de los enfermos, alimentó a los que tenían hambre y mostró compasión por los desamparados en todo momento.

Cuando Jesús resucitó, se nos dio la oportunidad de convertirnos en sus hijos, "porque todos los que son guiados por el Espíritu de Dios son hijos de Dios." **(Romanos 8:14, RVR 1960)** "Jesús no sólo siguió el plan de su Padre, sino fue un ejemplo de cómo debemos vivir el reino con propósito- cada día de nuestras vidas. Jesús nunca quiso un reino hecho de paredes de ladrillo y altos muros. Él fue, es y será permanentemente Rey, por siempre y para siempre otra vez. Su reino se refleja en cómo tratamos a nuestro prójimo y cómo los hijos del Señor trascienden el mundo natural. Jesús quería que aprendiéramos a ser agradecidos por lo que el hizo, ha hecho y lo que hará en nuestras vidas.

Cuando Jesús se encontró con diez hombres que tenían lepra, ellos llamaron al Maestro a distancia pidiéndole misericordia. En lugar de sanarlos, les pidió que se presentaran al Sumo Sacerdote. Durante su caminata a la ciudad, fueron sanados milagrosamente, pero sólo uno regresó para dar gracias a Jesús:

> "15 Entonces uno de ellos, viendo que había sido sanado, volvió, glorificando a Dios a gran voz, 16 y se postró rostro en tierra a sus pies, dándole gracias; y éste era samaritano. 17 Respondiendo Jesús, dijo: ¿No son diez los que fueron limpiados? Y los nueve, ¿dónde están? "(**Lucas 17: 15-17, RVR 1960**)

David estaba casi listo para ser apedreado por hombres cuyas esposas e hijos habían sido llevados cautivos y ellos lo hicieron responsable de la posible pérdida de sus familiares, pero él consultó a Dios, recibió fuerza y avanzo (**1 Samuel 30**). Al igual que Jesús en Getsemaní, estamos llamados a ponernos de pie y seguir hacia adelante. Es vivir una vida que sobrepasa las expectativas humanas y alcanza dimensiones sobrenaturales. Quizás no lo sepamos todo, pero Él requiere que le obedezcamos y le sirvamos en Espíritu y Verdad.

El apóstol Pablo nos advirtió que el reino era un proceso de tribulaciones y dificultades. En **Hebreos 12**, la hijosidad sólo se difirió a aquellos que aceptan su disciplina... en otras palabras... para convertirse en un hijo / hija de Dios; un discípulo debe vivir una vida disciplinada y ser disciplinado/a. El estilo de vida del reino es una aventura espiritual continua que nos anima a vivir cada día bajo su dirección y liderazgo.

Vive cada día como si fuera el primero y el último al mismo tiempo. Una vez que somos guiados por su Espíritu, es un paso a la vez, un día a la vez, pero no hay vuelta atrás en los caminos hacia sus propósitos eternos y sin fin en nuestras vidas. Vive la vida del reino con propósito, y tu vida continuará teniendo un significado y una alegría eterna.

5

Legado

Vivir el reino no es sólo una experiencia cotidiana, sino un encuentro interactivo con la Palabra de Dios entrelazada con una íntima relación con el Espíritu Santo. Cuando nacemos nuestros ojos naturales son abiertos y comenzamos a entrar en contacto con el mundo espiritual. Pero la única manera de activar nuestros ojos espirituales es entrar y experimentar el reino de Dios. Su espejo (la Palabra de Dios) nos proporcionará las llaves del reino. No hay entrada al reino de Dios sin responder personal y espiritualmente a su espejo. Durante cuarenta años, Moisés dirigió al pueblo de Israel a través del desierto y a las puertas de la Tierra Prometida, pero fue Josué quien tuvo la experiencia de no solo ver sino entrar en el reino.

La Palabra de Dios está destinada a ser vivida y experimentada diariamente a través del Espíritu de Dios. Nicodemo, un miembro del consejo gobernante judío vino a Jesús por la noche y lo interrogó acerca de Su poder y autoridad. En lugar de responderle directamente, Jesús declaró: "De cierto os digo, que nadie puede ver el reino de Dios a menos que nazca de nuevo". Nacer de nuevo va más allá de la comprensión normal de una experiencia religiosa. Nicodemo no tenía una explicación lógica y / o comprensión de lo que Jesús estaba hablando. Debido a que carecía de un encuentro espiritual con Cristo, no entendía la experiencia de "nacer de nuevo". Vivir el Reino es un estilo de vida que para muchos puede parecer ilógico, pero sus resultados son eternos.

Desde el principio de la creación, Jesús quiso que viviéramos una vida en el reino. Fue malentendido entonces, e incluso hoy la gente malinterpreta su visión. Cuando Jesús definió el reino, habló sobre vivir una vida de paz, poder, gozo y autoridad. Su enfoque estaba más allá de los límites geográficos y siempre quería que sus discípulos vivieran el reino ahora, mañana y por siempre. Es mucho más que una mentalidad apocalíptica. Vivir el reino trasciende las limitaciones de tiempo y te envía a un viaje de vida eterna **(Juan 3:16)** cada día de tu vida.

Después de la muerte de Jacob, los hermanos de José enviaron mensajeros para reclamar su perdón. Porque habían vendido, traicionado, envidiado y odiado a su hermano, pensaron que él tomaría venganza. José lloró al escuchar a los mensajeros de sus hermanos. Nunca entendieron que su perdón era incondicional. El viaje de José a través de la vida ejemplificó la vida del reino. La paz del reino sobrepasa todo entendimiento y rompe con los esquemas naturales aprendidos.

Los que torturaron y mataron físicamente a Jesús pensaron que su legado terminó con su muerte. Nunca se dieron cuenta de que su sacrificio perpetuó su Reino por toda la eternidad. Su resurrección estableció el mayor movimiento de liberación espiritual de todos los tiempos. Hoy toda la humanidad y las generaciones después de su sacrificio, muerte y resurrección tienen acceso al legado eterno de Jesús. Vivir el Reino es una verdad que nos llevará a vivir dentro de Su Gloria.

Rahab, la llamada prostituta, protegió a los espías judíos pero sabiamente garantizó la seguridad de su familia. Ella negoció su linaje con los príncipes de Israel que ella ocultó de la muerte. Enfáticamente puso su vida para salvar las vidas de aquellos a quienes su pueblo consideraba enemigos. Su fe acomodó a su linaje dentro del árbol genealógico de Jesucristo. Cuando estemos dispuestos a sacrificar lo que más amemos, nuestro legado estará asegurado. El sacrificio es la llave que abre las puertas del palacio del reino para que nuestras generaciones reciban nuestro legado.

6

Obediencia

En **Romanos 14:17** (RVR 1960), el apóstol Pablo define el reino como "porque el reino de Dios no es comida ni bebida, sino justicia, paz y gozo en el Espíritu Santo." En palabras simples, el reino de Dios es un encuentro vivo con la rectitud, paz y gozo en el Espíritu Santo; Tres elementos que son la columna vertebral de cómo nosotros como hijos del Señor debemos vivir nuestras vidas todos los días. La justicia es el don de Dios por medio de la gracia. Es un atributo dado por Dios. Vivir en la justicia es comportarse y actuar como lo hizo Jesús: vivir un estilo de vida similar a la vida de Jesús. Tener paz es mucho más que estar "tranquilo" o en "calma" --- es una paz eterna y contagiosa. Si somos hijos de Dios, aquellos que están en extrema necesidad de paz la recibirán a través de nosotros. La alegría va mucho más allá que los saludos, las sonrisas y las expresiones verbales. Es una experiencia de vida diaria que trasciende el reino natural. A pesar de las situaciones esperadas e inesperadas y las circunstancias deseadas e indeseadas que la vida comparte con todos nosotros, la llamada alegría pasajera se transforma en un gozo permanente.

Una vez que el reino se transforma en un estilo de vida, las bendiciones de Dios son cuestión de hecho. Pero sus bendiciones están condicionadas al nivel de obediencia que Dios mismo demanda de sus hijos. En **Génesis 12:1-4 RVR 1960**, "Jehová había dicho a Abram: Vete de tu tierra, tu pueblo y la casa de tu padre, y vete a la tierra que yo te mostraré. Te haré una gran nación y te bendeciré; Tu nombre, será grande y serás una bendición. Yo bendeciré a los que te bendigan, y el que te maldiga, maldeciré; Y todos los pueblos de la tierra serán bendecidos por ti. Así que **Abram se fue, como le había dicho Jehová;** Y Lot fue con él. Abrán tenía setenta y cinco años cuando salió de Harán."

A la edad de Abraham, la mayoría de los seres humanos están en la llamada edad de retiro y/o jubilación o piensan muy seriamente en ello. No obstante, obedeció y la mayor parte de su vida vivió como un peregrino, pero bañado en las bendiciones del Señor. Se hizo tan próspero y poderoso que reyes y reinas por igual temieron su presencia. El así llamado padre de la Fe se convirtió en uno de los principales fundadores del reino porque hizo lo que su Padre le pidió que hiciera, sin hacer preguntas ni cuestionamientos.

El reino de Dios es vivido y experimentado a través de una serie de procesos que elevan nuestro modo de vivir de gloria en gloria. Es pasar por los procesos y estar consciente de su soberanía a pesar de lo difícil e inexplicable que las cosas se ponen. No busca respuestas, sino que es la respuesta. Abraham creció impaciente en el proceso y trató de ayudar a Dios, pero aprendió que las promesas de Dios van más allá del tiempo cronológico. Aun Abraham tuvo que aprender de procesos difíciles que facilitaron y afianzaron aún más su Fe.

La obediencia te dirige a declarar lo que somos: sacerdotes, hijos e hijas, reyes, reinas y nación escogida. Es aceptar el liderato por medio de aquellos a quienes Dios ha escogido para discipularnos. Es vivir el sueño, entender SU VISIÓN y obedecer lo que se nos ha dicho que hagamos. Vive el reino y participa en sus bendiciones eternas --- tú y tus generaciones venideras.

7

Propósito

Vivir el reino es reconocer el hecho de que:

"⁴ según nos escogió en él antes de la fundación del mundo, para que fuésemos santos y sin mancha delante de él,⁵ en amor habiéndonos predestinado para ser adoptados hijos suyos por medio de Jesucristo, según el puro afecto de su voluntad,⁶ para alabanza de la gloria de su gracia, con la cual nos hizo aceptos en el Amado," **Efesios 1:4-5 RVR 1960.**

Como seres humanos, todos tenemos potencial, pero nuestro potencial está limitado por los recursos naturales. El éxito esta conectado al desarrollo del potencial, pero a los hijos adoptados por Jesucristo se les ha dado las llaves de recursos sobrenaturales e ilimitados. Somos mayordomos de Dios del reino de nuestro padre celestial.

El reino de Dios es un choque titánico entre nuestro viejo y nueva manera de pensar. José (bisnieto de Abraham) fue nombrado administrador de Faraón sólo después de que su visión pasó por un viaje de experiencias que lo hizo centrarse en su asignación. Su potencial creció con el tiempo y el debido proceso.

La vieja manera está llena de inconsistencias y falta de identidad; la nueva forma es la determinación y saber quién eres y hacia dónde vas. Como herederos de Dios y co-herederos con Jesús, estamos obligados a entrar en un nuevo nivel de madurez para convertirnos hoy en su mayordomo. El Espíritu de revelación y sabiduría es impartido una vez que nos enfocamos, dejando que el propósito de Dios venga a nosotros. Incluso cuando José vivió trece años como esclavo, la prosperidad de Dios nunca lo abandonó; el (mentalmente) nunca caminó o actuó como quien era para los demás y se alineó con el camino que estaba caminando (El Propósito de Dios) **(Génesis 37-50)**.

Aunque hay fuerzas externas que van a venir contra los hijos del Señor, es la "guerra" mental la que va a determinar nuestro lugar en la historia. José sabía que se estaba acercando a la visión cuando interpretó un sueño para el portador del vino, pero Dios le hizo esperar otros dos años antes de que Faraón fuera perturbado por un sueño que sólo José era capaz de interpretar. Cuando el hijo amado de Israel fue llevado al Faraón, José tuvo una estrategia dada por Dios que literalmente le consiguió la mayor promoción de todos los tiempos.

Cuando José se convirtió en el segundo hombre más poderoso del mundo, sabía que le llevaría al menos otros siete años más antes de reunirse con su familia. Sin embargo, él caminó y cumplió el Propósito de Dios sin enviar mensajeros para rescatar a su familia del hambre mundial. El proceso le enseñó a esperar a que las piezas del sueño se unieran.

En el mundo de hoy, ya no podemos hablar de iglesia sin hablar de ecología y economía. Eso era exactamente lo que José estaba haciendo --- protegiendo al medio ambiente y balanceando el presupuesto. Eso es lo que significa vivir el reino.

Eres hijo e hija del Dios vivo. Dios tiene mayores propósitos para ti, pero no puedes tomar atajos. ¿Cuánto tiempo llevas en tu proceso? El tiempo cronológico es un socio del proceso y permite a los participantes a perseverar, soportar y madurar. Sin embargo, un día --- y al igual que José, lograrás y cumplirás Su Propósito en tu vida.

José fue encarcelado injustamente, y allí interpretó sueños que finalmente lo catapultaron para convertirse en el segundo al mando en Egipto. Daniel tenía una sentencia de muerte sobre su cabeza, pero él oró, buscó dirección e interpretó los sueños del rey persa que lo promovieron a consejero del rey, el primer consejero entre 120 consejeros, para el poderoso gobernante mundial. Fue un proceso para ellos, y es un proceso para nosotros. Pero viviremos para ver el resultado final de nuestra Fe: ¡victoria, éxito y propósito eterno!

8

Fe

La Fe es clave en el proceso. Los pensamientos de abortar los procesos son naturales. En el punto culminante en el proceso de Jesús, el pensamiento de otra opción vino a la mente. Vivía en un cuerpo natural y respiraba aire como los que él creó, pero su profunda experiencia con la Fe lo sustentó. Cuando los soldados se le acercaron en Getsemaní, Jesús se levantó y recibió el Calvario con los brazos abiertos.

Dentro del Reino de Dios, hay paz, justicia, gozo y poder, pero se necesita un salto gigantesco de Fe para vivir una vida en el reino sin "naturalmente" ver a dónde vas. Lo natural y lo ordinario de todos nosotros quiere que veamos y toquemos; lo sobrenatural se esfuerza por revelarse, nos anima a recibir y creer más allá de lo que es físicamente tangible.

Dios le dijo a Abraham: "Deja tu tierra, tu pueblo y la casa de tu padre, y vete a la tierra que yo te mostraré, te convertiré en una gran nación y te bendeciré, Bendeciré a los que te bendigan, y maldeciré a quien te maldiga, y todos los pueblos de la tierra serán benditos por medio de ti.»Abram se fue, como le había dicho Jehová, y Lot fue con él. ..." **(Génesis 12:1-4, RVR, 1960)**

Sin ver naturalmente, Abraham obedeció a su Padre. Dios es así; exige obediencia. Vivir el reino requiere obediencia. Sin embargo, la obediencia es conocida por la Fe. El reino de Dios se gana a través de la Fe. Abraham recibió bendiciones duraderas y eternas porque creyó, caminó y vivió por Fe. No es una cuestión de cuándo y cómo, sino cuestión de ahora. Cuando Jesús resucitó, dio una orden (misión) a sus discípulos,

> "Entonces Jesús vino a ellos y dijo, toda autoridad en el cielo y en la tierra me ha sido dada. Por tanto, vayan y hagan discípulos de todas las naciones, bautizándolos en el nombre del Padre y del Hijo y del Espíritu Santo, y enseñándoles a obedecer todo lo que les he mandado. Y ciertamente estoy con vosotros todos los días, hasta el fin del mundo." **(Mateo 28:18-20, RVR 1960)**

Los hijos de Dios promueven programas y rituales que se alejan de su misión. Sus hijos no pueden ser limitados por los paradigmas tradicionales que fomentan la inmovilidad espiritual. Daniel era un profeta y consejero de una dinastía de reyes persas. Esther era reina de la nación más poderosa en su tiempo. Abraham nunca tuvo una casa y vivió como un peregrino, pero fue temido por reyes y reinas por igual. El apóstol Pablo viajó alrededor del mundo y cumplió la misión de Dios incluso cuando estuvo físicamente encarcelado y exiliado. Cerca de 50 por ciento de lo que los hijos de Dios leen (La Biblia, Nuevo Testamento) hoy fue escrito por un hombre que tenía que tener un encuentro y dar un salto de Fe y enterrar su pasado religioso. David fue un pastor de ovejas y se convirtió en el rey más querido de Israel. Nehemías era un copero y diseñó un plan maestro para reconstruir las murallas destruidas de Jerusalén. ¿Y nosotros que?

Por alguna razón inexplicable, hemos malinterpretado la misión. Millones de niños mueren de hambre y desnutrición cada año, mientras que los cristianos de todas las denominaciones deciden quién es y quién no es. Las discusiones teológicas son la orden del dia, pero buscar la unidad del cuerpo en un pueblo, aldea y/o nación no suelen ser el objetivo de la iglesia de hoy. El reino de Dios no es físico sino espiritual. Estamos mirando a nosotros mismos en lugar de "hacer discípulos" en las naciones. No se trata de un culto o un concilio; se trata de mover y hacer y llevar a cabo su voluntad. Jesús mismo nos enseñó cómo vivir el reino cuando dijo: "Yendo un poco más lejos, cayó con su rostro al suelo y oró:" Padre mío, si es posible, pasa de me esta copa. Que no se haga mi voluntad sino la tuya." (**Mateo 26: 3, RVR 1960**)

9

Puentes

El reino de Dios es un estilo de vida que no sólo refleja quiénes somos sino que imparte a otros cómo vivimos; otros quieren lo que tenemos y desean lo que hemos modelado a través de nuestro comportamiento y actitudes hacia ellos. Es un estilo de vida que trasciende nuestra forma diaria de vivir. El comportamiento aparentemente extraordinario y amenazador de la vida de Nehemías en presencia del Rey y la Reina le dio la oportunidad de compartir una visión que Dios mismo sembró en su corazón. La atrevida entrada de Esther a la cámara del rey preparo el camino para que el propósito de Dios se cumpliera a través de sus acciones. El desafio de Goliat a David fue un puente que despertó en el su identidad para matar al gigante y construir los fundamentos de una nación que hoy es considerada una potencia militar, cultural y económica.

El siglo XXI se ha desarrollado con todo tipo de desastres naturales, físicos y económicos, y sólo el Espíritu de Dios en sus hijos puede convertirse en facilitadores sobrenaturales en su realización hoy. ¿Qué tal "rescatar" la economía evocando la presencia de Dios en nuestros corazones? Vivir el reino es identificar quiénes somos aun cuando las circunstancias y las situaciones están en contra de nosotros. El comportamiento poco característico de David cuando decidió huir del trono en lugar de pelear con su propio hijo le ganó la admiración de los más cercanos a él, y hoy leemos acerca de cómo el ungido de Dios nunca abrazó naturalmente lo que le pertenecía a él y a sus generaciones para siempre. Su corazón era como el corazón de Jesús porque nunca necesitaba literalmente sentarse en el trono. Desde que fue ungido por el Profeta, era rey en los ojos de su Padre. ¿Cuándo se despertarán los hijos de Dios y tomarán lo que les pertenece como legítimos herederos del trono?

No hay nada que pueda interponerse en el camino del Propósito de Dios en nuestras vidas, sino en nosotros mismos. En **Oseas 4:6**, el profeta declara que "mi pueblo perece por falta de conocimiento". Cuando sabemos quiénes somos, literalmente no hay nada que nos pueda impedir cumplir Su Voluntad. Hay tantos gritos sobre el fin de los tiempos y de lo que vendrá. ¿Qué tal concentrarnos en lo que el Señor puede hacer hoy, ahora mismo? Mañana es el futuro de hoy; Jesús nos enseñó a vivir cada día como si fuera el último. Cuando llego el tiempo de Dios, Jesús le pidió a su padre fuerza, pero incluso la oración en Getsemaní estaba a menos de doce horas del sacrificio final. ¿Por qué invertir nuestro tiempo en el futuro en lugar de enfocar los esfuerzos en lo que Él dijo que hará hoy?

Porque somos biológicamente nacidos (pecado original), no nos vemos como Dios nos ve. La identidad de Dios en nosotros no tiene limitaciones. Pero seguimos creyendo en los asuntos establecidos por la tierra y creados por el hombre que amenazan no sólo nuestra relación con él, sino nuestra identidad como hijos del Dios Todopoderoso. **Romanos 8:14** define a los hijos de Dios como los guiados por el Espíritu. Durante los comienzos de la manifestación del Espíritu de Dios, Felipe fue precisamente eso - un hombre que fue "tomado" por el Espíritu y enviado a ministrar y enseñar dondequiera que Dios lo necesitara. Nunca necesitó transportacion y / o señales de radiodifusión; El Espíritu lo transportó sobrenaturalmente donde lo necesitaba ¡Este es el tiempo para que los hijos de Dios manifiesten SU GLORIA! ¡Ahora, hoy y siempre!

10

Semillas

El reino de Dios proviene de la raíz de toda sabiduría: Dios mismo. Vivir el reino significa no sólo aceptarlo como Dios todopoderoso sino también recibirlo como Padre, Señor y Dueño. Cuando entramos por las puertas y entramos en la presencia de Dios, una semilla es sembrada en nuestros corazones. Nos convertimos en familia de Dios y partícipes de sus bendiciones generacionales y prosperidad. Al llamar a Gedeón valiente, Dios estaba sembrando una semilla de identidad en su corazón. Dios como el "árbol" planta semillas en sus hijos... semillas de justicia, paz, poder y felicidad. Dios sembró una semilla de obediencia en Isaac:

"Y hubo hambre en la tierra -además del hambre anterior de Abraham- e Isaac fue a Abimelec, rey de los filisteos en Gerar. El SEÑOR se apareció a Isaac y dijo: "No vayan a Egipto, vivan en la tierra donde les digo que vivan, permanezcan en esta tierra por un tiempo y yo estaré con ustedes y los bendeciré. Tu descendencia daré todas estas tierras y confirmaré el juramento que juré a tu padre Abraham." **(Génesis 26:1-3, RVR 1960)**

La semilla de obediencia de Isaac le otorgó la entrada al reino de Dios por los siglos de los siglos. Hay demasiados niños que vagan por el reino y van de una ciudad a otra. "Wall Street" y "The Stock Exchange" han fomentado el caos económico y la clase trabajadora y la clase media están emigrando de acuerdo con el sonido de su voz. Dios insta a sus hijos a "permanecer en la tierra" y recibir sus bendiciones y prosperar incluso cuando el hambre y la crisis económica llaman a la puerta.

Dios llamó al Profeta para ir y ver al alfarero en acción. **(Jeremías 18:2-6)** Dios se compara con un alfarero que trabaja con su arcilla (sus hijos). La arcilla depende de las habilidades del alfarero y la artesanía para ser moldeado y formado en una obra de arte majestuoso. Hay una dependencia total del alfarero. Dios es así. Una vez que siembra una semilla en nosotros, Él empieza a moldear a su imagen y semejanza en todos nosotros. Tomará tiempo y esfuerzo, pero los resultados son permanentes. Dios nos tiene en la palma de sus manos, y la semilla crecerá en el cumplimiento de Su Propósito, y una vida del reino se obtiene como resultado.

Dios transforma lo posible de lo imposible. No hay literalmente nada que Él no pueda hacer en nuestro nombre. Sus semillas han sido plantadas en nosotros para que podamos reinar con Él a pesar de las circunstancias naturales que podemos estar viviendo o pasando ahora mismo. El único requisito es que "caminemos por fe no por vista". Permita que las semillas de Dios crezcan en usted y se conviertan en un Árbol de su bendición eterna y generacional.

11

Viaje

Hay una gran diferencia entre hablar sobre el reino y vivirlo día a día. El reino es un lugar donde la paz, el gozo, la justicia y la autoridad en el Espíritu son SU DOMINIO. No hay retrocesos, reapariciones y / o atajos en el reino. El joven Jesús de doce años se sentó con los ancianos y sabios de los judíos seculares y religiosos y enseñó y habló con ellos durante tres días. Él pensó que era el tiempo de su Padre para enviarlo en su proposito, pero tardó otros dieciocho años antes de que el reino de Dios (el Propósito de Dios) se manifestara decididamente en su vida.

José compartió el sueño de Dios para su vida con sus hermanos y padres cuando tenía diecisiete años, pero era el propósito de Dios que él reconociera y apreciara el sueño no para que lo compartiera antes de que fuera el momento para él vivir el reino. Sus procesos lo embarcaron en un viaje que eventualmente lo envió como mayordomo del hombre más poderoso de su tiempo. No se trata de ser pasivos sino proactivos en el diseño de Dios. La revelación de José de antemano le costó un proceso, pero nunca llegó a ser pasivo y siempre supo que a su debido tiempo llegaría el propósito de Dios para su vida.

Este es el tiempo de Dios para que los Abrahams, Isaacs, Joses, Davids, Esthers, Mardoqueos, Daniels, Nehemiahs y Pablos de la era moderna tomen su lugar en el reino de Dios. Los hijos de Dios son llamados a reinar en sus familias, barrios, ciudades, lugares de trabajo y naciones. David es el único llamado Rey David en el árbol genealógico del hijo de Dios. Vivir el reino con propósito es hacer la diferencia en el micro pero entendiendo que el plan fue hecho para que usted cumpliera el propósito de Dios en el macro.

El reino de Dios es una experiencia eterna y sobrenatural vivida solamente por aquellos que no sólo reconocen a Jesús como Señor y Salvador, sino que practican sus principios todos los días. Este es el tiempo! Fuiste elegido para ir más allá de las estructuras tradicionales, pero no depende de Él. Él ya te hizo según su imagen y semejanza. Él quiere que Sus hijos tengan una relación personal con Él y trabajen con Él para cumplir el propósito aquí, ahora y hoy.

Esther pensó que su reino era el palacio, pero descubrió a su debido tiempo que su verdadero viaje era la "intervención" a favor del pueblo. Daniel se convirtió en consejero de tres reyes persas, pero nunca se vio rodeado de leones hambrientos. Cuando eso sucedió, el ángel cerró la boca de los leones y fue promovido a un propósito mucho más alto. Nehemías leyó el plan y emprendió una misión de cincuenta y dos días para restaurar las murallas de Jerusalén, pero el viaje incluyó dos antagonistas diarios que lo hicieron construir y reconstruir con atención, protección y sabiduría. La restauración incluyó una defensa planeada para proteger la visión. El viaje está realmente unido a experiencias y personas que le ayudarán a crecer y definir su propósito en la experiencia diaria de vivir el reino.

12

Declaración

¡Vivir el Reino es un acto de declaración! Cuando los padres de la constitución americana declararon y proclamaron la libertad y la independencia de Inglaterra, era un acto de fe excepcional. Las colonias americanas todavía estaban políticamente y económicamente conectadas con el rey de Inglaterra y su autoridad imperial. Dentro de esa situación amenazante, los Hancocks y Adams de la época, declararon la libertad, la igualdad y la justicia para una nación colonizada y para las generaciones venideras. La victoria espiritual debe ser concebida primero en la mente, luego hablada y declarada por cualquier medio posible. Los hijos del Señor no pueden vivir una vida de victoria sin verbalizar y reiterar una vida de libertad de una mentalidad esclavizada.

El poder de nuestras palabras precede a nuestras acciones y fomenta la forma en que vivimos nuestras vidas. Moisés fue probablemente el líder más poderoso de la antigüedad, pero sus excusas pueden haberle costado las llaves del reino. Gedeón era el guerrero más feroz de su tiempo, pero estaba decidido a socavar su llamado de Dios. Cuando los hijos de Dios deciden vivir el reino, las excusas se vuelven inexistentes y sus propósitos se convierten en primero, segundo y tercero. Aun nuestro tiempo de ocio y el negocio profesional se integran el propósito de Dios en su diseño.

Caminar por la Fe produce acciones sólidas que facilitan el camino para Sus Propósitos. La mente necesita control de calidad y como mayordomos de su reino --- estamos llamados a mantener una manera de pensar del reino cada día. Aunque José (el hijo amado de Jacob) vivió físicamente esclavizado durante años, siempre fue bendecido y prosperado, sin importar dónde estuviera y lo que hiciera.

Mientras David buscaba refugio en una cueva, trescientos hombres con peores problemas que los suyos fueron bajo su liderazgo y discipulado y se convirtieron en la fuerza más reconocida, decorada y contada del día. ¿Qué le pasó a David en esa cueva? Él experimentó un cambio en la mentalidad que lo llevó a una transformación del carácter que fue impartida a los trecientos llamados "valientes". Debe haber compartido intensas palabras de impartición que alentaron e inspiraron a esos hombres.

Dios no está interesado en nuestros sentimientos; está interesado en nuestro carácter. La única manera de moldear el carácter es ser empujado en la cueva de las situaciones que probablemente estás pasando ahora. Los Abrahams, Isaacs, Davids, Joses, Daniels, Esters, Pedros y Pablos de los tiempos bíblicos vivieron vidas altamente complicadas, pero todos vivieron y se convirtieron en líderes influyentes y visionarios de su época. ¿Y nosotros? Nos hemos acostumbrado a los trabajos bien pagados, casas cómodas, SUV's, acceso a Internet y hermosas familias. Eso es bueno! Nuestro Dios se ha convertido en la congregación, el sermón, el programa, el llamado servicio, las actividades de la iglesia, etc.

Pero vivir el reino con propósito es mucho más que ser una persona de la iglesia de dos días, tres días o siete días; estás reescribiendo la historia y afectando a la humanidad con el único propósito de no sólo salvar vidas, sino compartir y impartir por gracia lo que la gracia le ha dado a usted.

13

Elegido/a

Jesucristo vivió una vida en el reino incluso antes de comenzar su ministerio completo. Cuando fue bautizado por su primo Juan, su Padre Celestial declaró gozo y satisfacción sobrenatural desde arriba. Pero aparentemente Jesús no había hecho nada para merecer tal amor y devoción paternal. Como hijos del Señor, fuimos elegidos antes de que Dios mismo fundara los cielos y la tierra. Nosotros no merecemos su reinado en nuestras vidas. Él nos amó, nos ama y nos amará para siempre. Su amor es incondicional, pero sus bendiciones están basadas en la profunda capacidad espiritual de caminar dentro de su visión y sus propósitos eternos.

Dios es un gran economista. En su mayordomía, nada se va a perder. Fuimos creados de acuerdo con su "imagen y semejanza" y somos llamados a actuar y vivir de acuerdo a su voluntad. Cuando Gedeón esquivó el llamado de Dios con preguntas y quejas sobre su linaje y familia, Dios reaccionó con una reafirmación de quién era (identidad) y lo que fue llamado a hacer (propósito). No hay excusas y / o argumentos válidos para defender nuestra falta de conocimiento y quejas. Ya Él nos escogió y nos llamó aun antes de la fundación del mundo.

Después de cuarenta años lejos del palacio del Faraón, Moisés fue llamado a regresar a Egipto. Se había acomodado a la vida en el desierto y no quería cumplir su propósito. Aun en el desierto hay peligro de permanecer allí y no vivir el reino de Dios en nuestras vidas. Uno de los enemigos más traicioneros de "Sus Propósitos" se llama zona de comodidad. Cuando murió el rey Saúl, David lloró, lloró y lloró. Incluso como un fugitivo, David se había puesto cómodo. La comodidad se opone a nuestro llamado. David habia estado corriendo por más de una década, pero ahora era hora de que el rey David reinara en Israel.

El plan de nuestro Padre para nuestras vidas no tiene defectos. Debemos cumplir con Su diseño para nuestras vidas, sin hacer preguntas y tan pronto como Él lo exija. Porque Moisés estuvo tanto tiempo en el desierto? ¿Por qué David estuvo tanto tiempo huyendo y en la cueva? Lo cierto es que el proceso de la manifestación del propósito mayor en nuestras vidas requiere de tiempo cronológico. La mayor parte de las cartas del Apóstol Pablo fueron escritas mientras estaba preso físicamente. Nunca usó su cautiverio injusto para pedir una licencia especial de lo que Dios le había ordenado hacer. David entrenó a trescientos hombres mentalmente esclavizados y emocionalmente oprimidos mientras vivían en el exilio. Incluso mientras literalmente dormía con sus enemigos, David inexplicablemente siguió adelante. El pacto de Dios no iba a ser desviado por los desastres naturales. Isaac y todas sus generaciones son respetados hasta hoy debido a su decisión de obedecer a Dios. El destino de la nación de Israel fue determinado por una joven reina, Ester, pero ella decidió caminar e intervenir.

¿De qué estamos hablando? Vivir el reino con propósito es reconocer que usted es su linaje y nación real y mientras usted está caminando por la Fe - Sus bendiciones le alcanzarán a usted y a sus generaciones. ¿Qué dice Dios de usted? Él te llama hijo / a **(Romanos 8:14, Juan 1:12)**, y te sienta en lugares celestiales (con Jesús a tu lado). Dice que te eligió y te ama por y para SU Gloria. Él ha separado un lugar en su mesa para usted y sus generaciones. Envió a su hijo unigénito para salvarte y concederte la eternidad **(Juan 3:16)**. Él está interesado en guiarte a través del camino y el sustento de Su Reino a través de Su Diseño para tu vida y la mía. ¡De eso es lo que estamos hablando!

14

Excesivamente y Abundantemente

El Reino de Dios es "capaz de hacer abundantemente" sobre todo lo que pedimos según el poder que obra en nosotros" (**Efesios 3:20**). Los hijos del Señor tienen la oportunidad de ir más allá del orden natural de las cosas, una vez que permiten que el poder de Dios trabaje a toda velocidad en sus vidas. "Excesivamente y abundantemente" y "sobre todo" son descriptores que implican más de lo habitual y ordinario. Nuestro Señor Padre hace posible lo imposible cuando nuestros estilos de vida denotan paz, justicia, gozo y autoridad en el Espíritu.

La única forma sobrenatural de reaccionar y responder extraordinariamente a situaciones ordinarias es avanzar de un nivel de comprensión a otro. A lo largo de las cartas enviadas a la iglesia de Corintios, el Apóstol Pablo constantemente les recuerda (nosotros) que dejen atrás la llamada "mentalidad de niño" que se interpone en el camino de alcanzar ese siguiente nivel. Conducir nuestras vidas "de acuerdo con ese poder" significa liberar lo que es "excesivamente y abundantemente" en todos nosotros.

El reino de Dios es revelado y decretado de acuerdo a la forma en que nosotros (los hijos de Dios) reaccionamos a situaciones y circunstancias de la vida real. Daniel fue cautivo y exiliado en una tierra extranjera. Pero cuando se enfrentó a la definición de su relación con Dios, decidió aprovechar la oportunidad para hacer posible lo imposible y "se propuso en su corazón que no se contaminara con la proporción de las delicadezas del rey" **(Daniel 1:8)**. El propósito de Dios en la vida de Daniel provocó el reino de Dios, y aceptó el desafío y alcanzó el siguiente nivel de la voluntad de su Padre. José fue traicionado por sus hermanos y vendido como esclavo, pero nunca se apartó de la "visión" que Dios mismo diseñó para él. Sus circunstancias no se interpusieron en el camino de exceder y actuar en consecuencia.

La única manera de recibir el reino de Dios es vivirlo todos los días. Que no haya malentendidos; no se trata de ignorar quiénes somos como personas que deben vivir una realidad cotidiana, sino que se trata de la verdad de quiénes somos como hijos del Dios Todopoderoso aun cuando la traición, la muerte, el desastre y la tragedia golpean a nuestras puertas. Es levantar nuestras cabezas y enfocárnos en lo que Él dijo que haría, en lugar de mirar hacia abajo en la situación y vivir sobre nuestro "manera vieja de vivir". Caminar hacia adelante, es ir más allá de lo ordinario y permitir que el reino de Dios haga una diferencia en usted y sus generaciones venideras. ¡Este es el día que Dios hizo para glorificarse en tu vida!

15

El Arca

No hay excusas para aquellos que están dispuestos a vivir el reino. No hay razones para que Jerusalén, Judea, Samaria y el resto del mundo no puedan ser influenciados por nuestro testimonio y estilo de vida. Fue el testimonio de Obed-Edom el que despertó en David el espíritu correcto para atraerlo y traer de vuelta el arca del Señor a la Ciudad de David. Durante tres meses permaneció el arca del Señor en la casa de Obed-Edom. Durante el transcurso de noventa días, "Y el Señor bendijo a Obed-Edom ya toda su casa" (**2 Samuel 6:11**). El arca trajo bendición para Obed-Edom!

En lugar de pensar en la economía, la llamada "mala economía" y sus consecuencias naturales, los hijos del Señor tienen la oportunidad de "apoderarse" de los días, semanas, meses y años, y declarar la paz, el gozo y autoridad en el Espíritu. La presencia de Dios en nosotros requiere que hoy le honremos viviendo el reino como nunca antes.

No hay lógica en la vida del reino. David estaba deprimido y exiliado en una cueva, pero trescientos hombres oprimidos y deprimidos buscaron su tutela. De alguna manera, David les impartió un espíritu todo-abarcador; estos trescientos más tarde se convirtieron en los hombres más heroicos y valientes que el tiempo antiguo ha conocido. Cuando David marchó a casa con el arca del Señor, celebró extravagante y extraordinariamente. Eso es lo que Dios busca en todos nosotros. El reino nace en nuestra alabanza y adoración continua.

¿Y tu? ¿Y yo? ¿Por qué no enfocarnos en lo que dijo que haría en lugar de lo que estoy pasando hoy? La historia es como una puerta giratoria. La etapa para el acuerdo de Egipto e Israel en 1976 comenzó con el sueño de un joven de paz y sustento para una nación hace más de miles de años. E incluso ese acuerdo de paz terminó con violencia y muerte. El arca que construyo José para su familia ha trascendido generaciones, épocas y naciones.

¿Cómo vamos a responder a la representación de los medios de comunicación de la debacle financiera de Wall Street? ¿Nos uniremos a las mentalidades derrotistas? ¿O veremos las cosas de la manera en que nuestro Padre Celestial nos ha enseñado a ver SU REINO? Este es un tiempo de gran expectativa, abundancia y prosperidad! Hay avivamientos íntimos para aquellos que creen y viven el reino. Los hijos de Dios son todos iguales, pero sus bendiciones están reservadas para aquellos que se levantan y miran más allá del reino natural.

Él está dispuesto a invertir en todos nosotros. De hecho, ya lo hizo, pero EL continuará bendiciéndonos y prosperándonos mientras vivamos una vida en el reino. David nunca mencionó a sus hijos. Habló de sus generaciones y generaciones. Oye, somos sus generaciones. ¡Eso es lo que es vivir una vida en el reino con propósito!

16

El Soñador

Dios siempre ha querido que sus hijos sueñen. Somos la propia imagen y semejanza de Dios en la tierra. Además, cuando recibimos el sacrificio de su hijo, Jesús, se nos da el derecho dado por Dios de convertirnos en hijos del Dios Altísimo **(Juan 1:12)**. Cuando Dios dio a su hijo unigénito, soñó no sólo con salvar a la humanidad, sino con la adopción de más hijos. Cuando fuimos recibidos como parte de la familia de Dios, Él agregó una potestad adicional en nuestra naturaleza humana, el Espíritu Santo. Nuestro Padre Celestial es por naturaleza sobrenatural, un soñador, y Él quiere que todos nosotros soñemos.

José tuvo un sueño. Sus sueños le fueron enviados por su Padre Celestial. Los sueños de nuestro Padre no siempre son comprendidos por nuestros homólogos, contemporáneos y familiares. Pero los sueños de Dios en nosotros, son sueños de paz, justicia y rectitud para la humanidad. Es por eso que Dios está interesado en nuestros sueños. José fue joven y tuvo un sueño, pero fue vendido, traicionado, malentendido y olvidado por su familia, pero continuó soñando. Sabía que un día; el reino de Dios reinaría sobrenaturalmente a través de sus sueños en él.

Hay dos tipos de seres humanos, soñadores y no soñadores. Aquellos que sueñan, viven, superan, triunfan y superan todas las expectativas del hombre. Los no soñadores son como los hermanos de David y José. Tienen la misma imagen de Dios, pero las circunstancias, las situaciones y las situaciones obstaculizan la creencia en sus sueños. Todos somos soñadores naturales. La vida del reino de Dios se manifiesta sobrenaturalmente en los sueños de Dios para nosotros. Somos muchos como los hermanos de José, pero todos nosotros somos como David y José. Cuando hay un sueño, hay un diseño celestial. No siempre está claro, pero hay un camino hacia el reino.

José fue vendido como un esclavo de la tierra donde sus sueños vendrían. Sus hermanos estaban interesados en matar sus sueños pero Dios los usó como puentes para su Reino. Los hermanos de David trataron de desanimarle cuando decidió matar a Goliat. David no les escuchó. En su lugar, se centró en la asignacion. Egipto nunca ha conocido a un hombre así! ¡Israel nunca ha tenido un Rey semejante! El mundo y la naturaleza están esperando la manifestación de nuestros sueños.

Cuando yo era un niño, había una voz que me seguía por todas partes. La única frase que escuché mil millones de veces fue: "Tienes que ser la diferencia, tienes que ser la diferencia". Todos hemos oído la misma voz. Fue y es Dios diciéndonos que al hacer la diferencia en la vida de las personas comenzamos a facilitar los sueños de Dios en nosotros.

José hizo la diferencia en su familia, en la cárcel, en la casa de Potifar y en el palacio de Faraón. Empiece por animar, motivar y compartir positivamente, incluso cuando otros actúan como los hermanos de David y José, esto es sólo el comienzo del sueño. A los 75 años, Abraham recibió una Palabra pero no fue hasta que cumplió 100 años fue que nació Isaac. A los 17 años del joven llamado "hijo de la promesa", Dios le pidió a su amigo Abraham que sacrificara a su amado hijo. Moisés fue transportado y transformado en el desierto durante 40 años antes de que Dios lo llamara para regresar a Egipto y liberar a sus hermanos y hermanas. Josué sirvió 40 años antes de llegar a las puertas de la Tierra Prometida. Caleb esperó 80 años antes de conquistar lo que era legítimamente suyo. No es una cuestión de cuándo. Es cuestión de un sueño!

Sobre el Autor

Manuel Hernández nació en Sleepy Hollow, Nueva York, en 1963. Completó estudios universitarios en la Universidad de Puerto Rico, Río Piedras Campus y terminó una Maestría en Educación del Colegio Herbert H. Lehman (CUNY) en el Bronx en 1994. Coordinó simposios, produjo y coordinó entrevistas televisivas sobre la literatura escrita por escritores puertorriqueños y latinos de la Diáspora. Ha realizado numerosas presentaciones, talleres y seminarios sobre cómo integrar la literatura latina en el curriculo de inglés. En 2014, participó en un TedxTalk (Connections) en Southern New Hampshire University. Es autor de cuatro libros: Latino / a Literature in the English Classroom (Editorial Plaza Mayor, 2003), The Birth of a Rican (Imprenta Sifre, 2008) y Living the Kingdom with purpose (Imprenta Sifre, 2013). Este libro es su traducción personal al español de Living the Kingdom with purpose (Viviendo el Reino con propósito. Desde el 2014 es maestro de escuela y profesor universitario en Florida.

www.divinepurposepublishing.com

www.ingramcontent.com/pod-product-compliance
Lightning Source LLC
Chambersburg PA
CBHW050445010526
44118CB00013B/1689